Alain Pelosato

Séries télé

The Mentalist
True Detective
Game of Thrones
Black Mirror
Helix
Dracula 2013
Under the Dome
True Blood
The Vampire Diaries
Les 4400
Heroes
The Walking Dead
Dead Set
Masters of Horror
Elementary
Sherlock

Table des matières

The Mentalist

He reads between the lies.

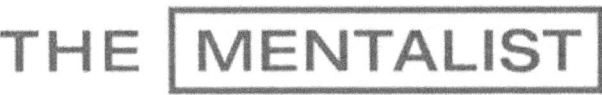

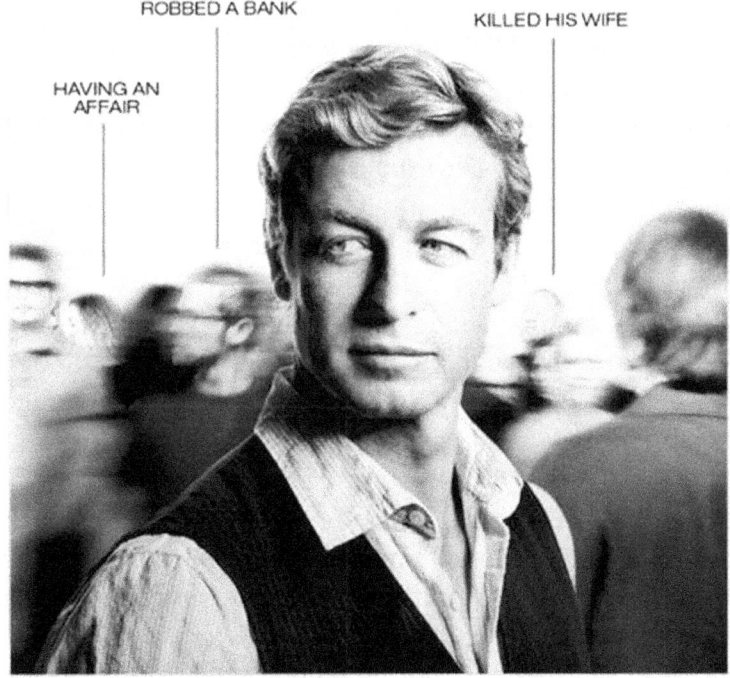

Créée par Bruno Heller (2008). 7 saisons.

Une série à part, hors norme. Il fallait la traiter d'une manière originale. C'est le but de cette petite étude : une phrase pour résumer un épisode !

Patrick Jane, le « mentaliste » est un superbe personnage. Il est d'une efficacité redoutable dans ses enquêtes uniquement par son sens très aigu de l'observation. Il a de véritables antennes. Mais ses capacités flirtent avec le fantastique, le surnaturel... On en sera convaincu au fur et à mesure du déroulement des épisodes. L'acteur joue un rôle essentiel dans la réussite de cette série. Il est vraiment génial. On sent l'influence du personnage de Sherlock Holmes mais en mieux !

Un type tellement sympathique ce *mentaliste* qui offre des cadeaux à tous ses collègues avec l'argent qu'il a gagné au Casino dans le cadre d'une enquête (0106). Superbe partie de poker dans le même épisode. Ses « facultés » en font un joueur de poker imbattable, évidemment.

Il roule dans une vieille DS Citroën ! Hommage à un autre enquêteur hors norme *Colombo* ?

Le personnage est profondément blessé par l'assassinat cruel et horrible de sa famille par un tueur en série John le Rouge... La chasse à John Le Rouge (et vice versa) sera le fil conducteur de la première partie de la série.

La partenaire du mentaliste, Teresa Lisbon, porte une croix autour du cou. Cet affichage n'est pas courant dans les séries TV. Tous les personnages sont extrêmement attachants, et si bien joués. Les caractères bien définis et différents. La personnalité de chaque personnage est un atout de cette série. La psychologie aussi. D'ailleurs les capacités hors norme d'enquêteur du *mentaliste* sont basées sur la psychologie des êtres humains.

Alors, allons-y, comme je l'ai promis, poursuivons avec une phrase par épisode ! Pour presque tous les épisodes… Parfois j'en rajoute un peu…

Personnages de la série :

Patrick Jane le mentaliste
Teresa Lisbon la chef du service
Les agents :
Kimball Cho – Wayne Rigsby – Grace Van Pelt
Ces personnages sont présents tout au long de la série (Rigsby et Van Pelt, disparaissent un moment).
D'autres personnages importants apparaissent au tournant de la série, notamment lors de la sixième saison, quand l'équipe travaille avec le FBI.
Dennis Abbot – Michelle Vega – Jason Wylie

Patrick Jane est joué par l'excellent comédien *Simon Baker*, avec qui j'ai fait connaissance cinématographiquement parlant, dans le quatrième film de zombies de George A. Romero :
Land of the Dead (Le Territoire des morts) (2005), dans lequel il jouait le rôle principal en compagnie d'*Asia Argento*
Je l'avais déjà vu auparavant dans *Planète rouge* (2000), film dans lequel il avait un rôle secondaire.
Sa filmographie ne se limite pas à ces deux films, bien sûr, mais je m'en tiendrai là.

Saison 01.

S01E01 Meurtre de la fille d'une huile, puis assassinat d'un golfeur et d'une amie ; signé Red John !

S01E02 Cadavre d'une jolie serveuse dans un trou au milieu des champs

S01E03 Morte rejetée par l'océan sur la plage

S01E04 Un homme se réfugie dans son coffre de voiture après avoir été torturé

S01E05 Une jeune femme morte sous sa voiture

S01E06 Main coupée sur la route !

S01E07 Patrick est en concurrence avec une « collègue » médecin.

S01E08 Un coup monté

S01E09 Ether Éthylique. *La loi, moi, je m'en fous ! Ce qui m'intéresse, c'est la justice !*

S01E10 Le passé revient avec la psychiatre Sophie Miller qui avait soigné Patrick Jane.

S01E11 Un prisonnier à vie échange sa libération contre des informations sur John Le Rouge.

S01E12 Enfants martyrs.

S01E13 Tableaux : un original, des faux, plus un meurtre.

S01E14 Le scénariste n'a pas une haute opinion des femmes ; mais a-t-il tort ?

S01E15 Trafiquants de drogue dans la haute société.

S01E16 Patrick Jane est devenu aveugle!

S01E17 Les riches ne sont pas toujours pauvres en sournoiseries.

S01E18 Un type hypnotisé amène un sac contenant un cadavre et il croit qu'il s'agit de patates.

S01E19 Un pataquès dans le milieu du cinéma.

S01E20 La mafia est une fausse piste, mais un atout!

S01E21 Crime élucidé grâce à un fauteuil roulant

S01E22 L'enterré vivant

S01E23 John Le Rouge !

Saison 02
S02E01 Prologue en fausse piste puis John Le Rouge. « ***Vous n'êtes pas un enquêteur, mais une victime.*** »
S02E02 Sombre histoire de c...l : le père couche avec l'amante de sa fille...
S02E03 Lisbon est au centre du drame... et un pédophile.
S02E04 Avocat voyou
S02E05 Une histoire de (faux) fantôme.
S02E06 Sable bitumeux et Jane en tôle.
S02E07 Kidnapping
S02E08 John Le Rouge, et Bosco est mort.
S02E09 Cambriolage d'une grande bijouterie
S02E10 Chez les joueurs de base-ball, Jane se souvient de son enfance
S02E11 Bal des anciens du lycée.
S02E12 Un gros projet immobilier, une maire très jolie et la télé fait un reportage.
S02E13 Vendeurs de voitures de luxe en compétition.
S02E14 Le passé revient pour un membre de l'équipe.
S02E15 Empoisonnements de chefs cuisiniers.
S02E16 Meurtre dans un labo ultra sécurisé.
S02E17 Un anneau égyptien a été volé.
S02E18 Crime dans une réserve d'Indiens.
S02E19 Tueur à gages.
S02E20 Un homme de presse est assassiné.
S02E21 Un clown assassine un matheux génial.
S02E22 Un orateur est assassiné avant de prononcer son discours.
S02E23 John Le Rouge n'aime pas qu'on l'imite.

« Tigre, tigre, brûlant, brillant, dans les forêts de la nuit… Quelle main, quel œil immortel a fabriqué ton effroyable symétrie » William Blake…

Saison 03
S03E01 Chauffeur tué, personnage important enlevé.
S03E02 Jane est attiré dans un "piège".
S03E03 Une jeune adepte d'une secte est retrouvée morte au bord du fleuve.
S03E04 On retrouve le corps d'un tôlard qui vient de sortir de prison.
S03E05 Un jockey est mort assassiné. Superbe scène de poursuite à la fin.
S03E06 Le fiancé de la fille d'une juge est retrouvé mort.
S03E07 Attentat contre une grosse huile.
S03E08 Jane a été enlevé !
S03E09 Un tueur de flics. Cet épisode donne des frissons… *« Tigre, tigre… »*
S03E10 Un père Noël tombe du ciel sur le trottoir.
S03E11 Assassinat au cours d'un combat de catch.
S03E12 Deux jeunes femmes assassinées dont le corps est trouvé dans une casse.
S03E13 Assassinat d'une femme: les rapports sont compliqués entre le CBI et la police locale.
S03E14 Un homme cité comme témoin est tué. Van Pelt a-t-elle fait une erreur ?
S03E15 Meurtres chez les chercheurs d'or.
S03E16 Meurtre au musée et… John Le Rouge.
S03E17 Un médecin retrouvé mort sur le parcours de golf.
S03E18 Décès d'un dirigeant de la haute finance et fin très émouvante.

S03E19 Cadavre sur un yacht dans le port.

S03E20 Jane a payé un voyou pour cambrioler Laroche qu'il soupçonne d'être un agent de John Le Rouge (voir 0316)

S03E21 Gardien de prison tué à coups de couteau.

S03E22 Le premier violon de l'orchestre symphonique est tué. Très culcul l'histoire du p'tit Noir.

S03E23 Jane tue John Le Rouge à la fin. Mais était-ce bien lui ?

Saison 04

S04E01 Jane est arrêté et mis en prison. Il en sort et mène l'enquête. (Un peu téléphoné...)

S04E02 Ça devient trop compliqué! L'équipe est démantelée, mais Jane veille.

S04E03 Tout est rentré dans l'ordre. Un enfant enlevé !

S04E04 Comment empêcher un tueur fou de tuer ?

S04E05 Meurtre dans une île.

S04E06 Chef de la police locale assassinée.

S04E07 Un tueur de petites jeunes filles. Étrange méthode pour l'empêcher de nuire.

S04E08 Une jolie femme est assassinée à la sortie d'une boîte de nuit.

S04E09 Mort d'un joueur de football dans l'explosion de sa voiture.

S04E10 Assassinat d'un pompier et Jane s'échappe de justesse.

S04E11 Un avocat véreux meurt dans l'explosion de son bateau et John Le Rouge réapparaît.

S04E12 Le fils d'un chef de gang assassin. Van Pelt en danger.

S04E13 Assassinat d'un prince de la haute couture et... John Le Rouge.

S04E14 Jane veut innocenter une jolie blonde propriétaire d'un vignoble accusée du meurtre de son amant.

S04E15 Une petite jeune femme responsable dans une ONG assassinée.

S04E16 Un enquêteur sur la secte trouvé mort dans son bureau.

S04E17 Deux meurtres que Jane va élucider malgré l'agent du FBI.

S04E18 Un mourant assassin!

S04E19 Meurtre au bord de la route et magicien.

S04E20 Enseignant assassin pas aussi clair que l'on croyait.

S04E21 Brûlé vif, menotté dans sa voiture. Superbe.

S04E22 Cadavre enterré sur la plage.

S04E23 Rendez-vous avec John Le Rouge.

Saison 05

S05E01 C'est reparti avec deux morts dans un appartement et conflit avec le FBI.

S05E02 Diamantaire sauvagement assassiné.

S05E03 Braquage mortel.

S05E04 Il est préférable de regretter d'avoir fait quelque chose plutôt que de regretter de n'avoir rien fait.

S05E05 Comment Jane a intégré le FBI.

S05E06 Enlèvement, rançon et Lorelei.

S05E07 Mort d'un jeune journaliste de télé et Lisbon en danger.

S05E08 Ça commence par un extrait du film *La Mort aux trousses*. Jane fait évader Lorelei...

S05E09 Ancien membre d'un gang tué.

S05E10 Un jeune scientifique assassiné dans une salle de sport.

S05E11 Mannequin assassiné. Elle suivait une cure de désintoxication.

S05E12 Exécution : un enfant est témoin. A-t-il été tué ?

S05E13 Trois squelettes dans une grange et... John Le Rouge.

S05E14 Meurtre au musée.

S05E15 Vieille dame réduite en cendres dans un château hanté.

S05E16 Lorelei mène l'enquête à sa manière.

S05E17 Une militaire égorgée et… manque de mémoire.

S05E18 Une jeune comédienne tombe du 9e étage d'un grand hôtel.

S05E19 Assassinat du propriétaire d'un village de cow-boys.

S05E20 Une femme criblée de balles, même au pied.

S05E21 La taupe du CBI démasquée!

S05E22 Une femme tuée par John Le Rouge et le passé de Jane le rattrape.

Saison 06

S06E01 Un homme se fait descendre dès le début. Un squelette dans le désert et Red John (John Le Rouge)

S06E02 Une voiture explose avec un homme à l'intérieur et Red John.

S06E03 Assassinat pendant la réception la veille d'un mariage. Un autre mariage très beau.

S06E04 Tigre… tigre…

S06E05 Deux meurtres à l'hôtel et pas loin… Qui est le troisième homme ? Et Red John.

S06E06 Jane donne rendez-vous aux 5 suspects qui restent.

S06E07 La suite du précédent: vous croyez pas que je vais vous raconter, non?

S06E08 Ça chauffe, on avance. Rendez-vous au cimetière avec Red John.

S06E09 Jane est dans les îles où le FBI l'a retrouvé.

S06E10 Grosse affaire résolue par Jane ce qui le fait intégrer le FBI.

S06E11 Quatre agents de la DEA exécutés dans leur bureau. Enquête sur chef de gang.

S06E12 Espionnage industriel contre le pentagone.

S06E13 Meurtre chez les Hippies façon 2014. Hécatombe dans l'entourage de Rigsby.

S06E14 Cadavre dans une cuve de fracturation hydraulique.

S06E15 Grace a disparu! Va falloir la libérer.

S06E16 À la poursuite de voleurs d'objets d'art.

S06E17 Exécution à la bombe d'un témoin susceptible de disculper un condamné à mort. Lisbon a une liaison.

S06E18 Découverte d'un corps sans vie d'une jeune femme aux abords d'un club réservé aux hommes.

S06E19 Jane découvre une femme mourante au domicile d'un passant.

S06E20 Arrestation d'un maffieux et enquête (suite) sur le trafic humain.

S06E21 À la poursuite de l'esclavagiste.

S06E22 Le FBI reçoit une lettre signée d'un assassin qui menace de recommencer.

« L'idée de laisser quelqu'un t'approcher est terrifiante pour des raisons évidentes. La vérité, c'est que je ne peux pas m'imaginer me réveiller sans te voir. En vérité je t'aime ! Tu ne peux pas savoir comme c'est bon de le dire, mais ça me fait peur. C'est la vérité. C'est vraiment ce que je ressens. »

Saison 07

S07E01 Patrick Jane et Teresa Lisbon sont ensemble. Un homme se fait descendre au bowling ce qui va faire revenir une vieille histoire.

S07E02 Lisbon est envoyée en mission comme codétenue d'une délinquante.

S07E03 Patrick et Teresa en mission au Liban.

S07E04 Vols et trafics de bijoux et pierres précieuses. Abbot a des problèmes avec son passé.

S07E05 Un général des Marines assassine sa femme.

S07E06 Abbot est chargé d'enquêter sur le raté qui s'est produit lors d'une intervention de la DEA. L'agent impliqué est assassiné. Superbe !

S07E07 Jimmy, le frère de Teresa, a des problèmes. Une partie de poker est en jeu (Bof, le jeu de mots…). Émotion.

S07E08 À la poursuite d'un tueur à gage qui élimine des témoins. Suspens éprouvant.

S07E09 Peterson, le chef de la DEA, tente de foutre en l'air la carrière d'Abbot et de sa femme Lena.

S07E10 Vega est tuée dans un affrontement avec des braqueurs. Très émouvant. Après ça se complique…

S07E11 Un médium semble savoir beaucoup de choses sur le meurtre d'un couple de jeunes.

S07E12 Suite du précédent : à la poursuite du tueur en série. Problème de l'alliance de Jane qui retourne à une activité ancienne qui avait conduit à l'assassinat de sa famille.

S07E13 Teresa et Patrick se marient… Mais… « Nous sommes le FBI ! » Répète Abbot. Chouette !

True Detective

Créée par Nic Pizzolatto (2014)

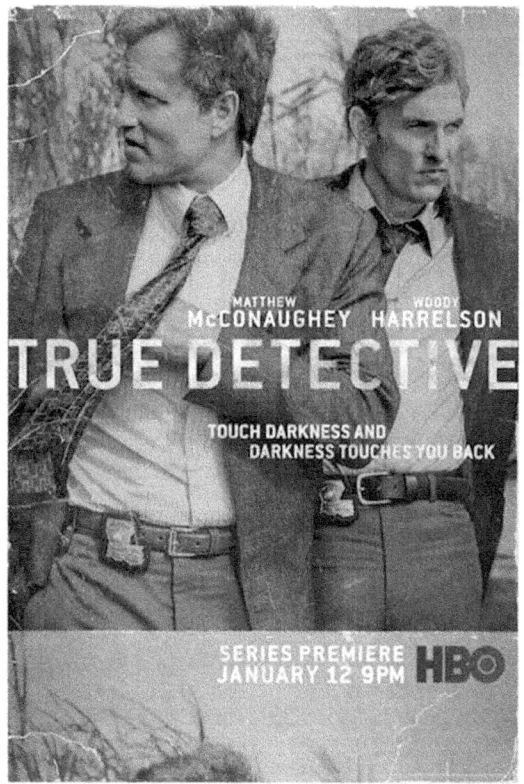

2 saisons de 8 épisodes
Les personnages ne sont pas les mêmes chaque saison. Et l'intrigue ne se déroule pas dans le même lieu.
Mais l'unité de la série est profonde.
Un chef-d'œuvre, une série d'horreur très émouvante.

Saison 1

Il y est question de *Carcosa* ("*Le Roi en jaune*" de Chambers d'après Ambrose Bierce), de plan infernal, de culte du diable et de sacrifices d'enfants.

Deux flics "dérangés", mais très attachants, à la poursuite d'un assassin pédophile très cruel. Les acteurs sont formidables. La chair et le sang...

Les hors-champ sont très angoissants. Il y a une usine... La même que dans la deuxième saison. Pourtant, ici ça se passe en Louisiane et la deuxième saison en Californie.

Dialogue entre les deux flics : "T'as toujours des visions ?

- Elles n'ont jamais cessé. Ce qui est arrivé à ma tête a peu de chances de s'arranger... »

Voix off : "Viens mourir avec moi, jeune novice."

Dernier dialogue : "Si tu veux mon avis, la lumière a gagné."

Saison 2

Superbe générique comme toujours. Ambiance plus ludique mais toujours aussi noire. La musique, faite de rythmes et de percussions, est plus dramatique que celle de la première saison.

Les séquences sont rythmées par des plans sur une usine (comme dans la première saison). Beaucoup de prises de vues aériennes, en plongée.

On est donc en Californie avec des références cinématographiques : *Mulholland Drive*, *Lost Highway*... Suivez mon regard vers David Lynch. Beaucoup d'autoroutes vues du ciel, des plans fixes sur leurs enchevêtrements.

Dans cette saison, les flics sont trois : un homme mûr dont la vie a été brisée après l'agression de sa femme, une jeune femme qui a eu une enfance très malheureuse, un jeune homme dont on ne sait encore rien du passé, mais qui a des problèmes sexuels.

Meurtre rituel atroce…

Le deuxième épisode démarre fort : enfermé dans la cave jusqu'à la mort. L'usine pollue. Le maire de Vinci (une ville imaginaire de Californie) est alcoolique et corrompu.

Tout est axé sur les personnages : cadrage, mouvement de caméra, dialogues, situations.

Les paysages, bien que différents de la première saison, sont pourtant aussi étranges…

Passionnant !

Quatrième épisode.

On s'ennuie un peu au début. On est toujours dans le grand banditisme et la corruption des hommes politiques. L'histoire de l'amitié entre le gangster qui a failli se repentir et le flic est lassante. On se demande quel rôle cette relation joue dans l'intrigue. C'est intrigant. Le point commun c'est la victime, celle qui est à l'origine de l'enquête. À la fin : superbe bagarre ultra violente aux armes à feu. Une fois finie, les doigts des flics endurcis tremblent… Celle du spectateur aussi. Superbe image fixe de fin !

Cinquième épisode.

On était resté à la stupéfiante fusillade de la fin du quatrième épisode.

Le seul personnage "rangé" sur le plan personnel est le gangster. Enfin, celui qui l'était et qui ne voudrait pas le redevenir, mais… Il est marié, et sa femme ne peut pas avoir d'enfant.

« La souffrance est inépuisable. Il n'y a que les gens qui s'épuisent. » L'équipe des trois détectives est démantelée après la fusillade où ils se sont comportés en héros. Mais l'enquête continue…

« Le crime est une contingence des désirs. »

Gros plans sur les visages brisés par l'émotion, sur les ombres.

Transitions géniales entre les scènes. Une espèce de ponctuation, comme des virgules, des points-virgules et des points dans les textes... Mais aussi des points d'exclamation et d'interrogation, et des pointillés...

« Il faut qu'on se parle ! »

Sixième épisode.

L'horizon s'éclaircit concernant l'identité du violeur de la femme du flic Velcoro. Pas sûr... Rien n'est sûr dans cette série. Mais la drogue et l'alcool ce n'est pas un bon cocktail.

La femme flic fait de l'infiltration chez les putes. Très gonflés la nana et les mecs...

Le gangster Frank (ou ex gangster, mais là aussi ce n'est pas net !) mène une enquête parallèle.

Petits souvenirs de pédophilie...

Ils vont faire de sacrées découvertes.

Septième épisode. Très stressant.

« J'essaie seulement d'être un homme bien. » Dit Paul Woodrugh à sa fiancée.

Chacun est obligé d'éloigner ses proches pour les protéger, car ils sont traqués.

Franck Semyon est cerné et doit se soumettre ou réagir.

Ray Velcoro poursuit toujours celui qui a faussement dénoncé un type comme le violeur de sa femme.

Quelle violence ! Quel sadisme.

« Je pense que je suis injuste avec les gens, parfois. » Se justifie Ani Bezzerides.

Eh oui, personne n'est parfait, surtout dans cette série.

Bezzerides et Velcoro se parlent de leur histoire. Enfin, ils essaient.

Ils s'y prendront autrement pour le faire.

Dans chaque histoire, il y a le sexe. Le sexe est partout.

« T'es pas un sale type ! » Assure Ani Bezzerides.

« Si ! je suis un sale type ! » Rétorque Ray Velcoro.

Quant à Paul Woodrugh, ses démons du passé le rattrapent, mais on ne la lui fait pas... Sauf...

Terrible image de fin !

Game of Thrones

(Le Trône de fer)

Créée par B. Weiss, David Benioff (2011)
D'après l'œuvre de George R.R. Martin

Citations jusqu'à la quatrième saison

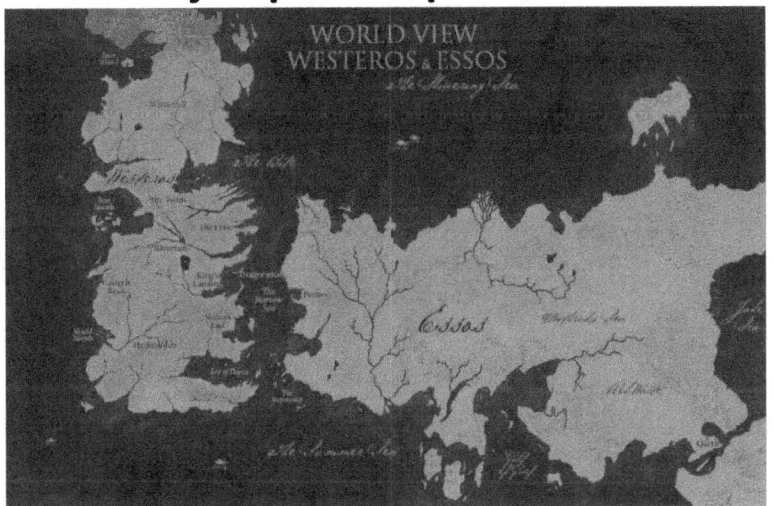

(Après la quatrième saison, je n'ai plus regardé la série)

Une série culte, sur le plan littéraire d'abord, et ensuite à la télévision.
Quels sont les ingrédients qui ont fait son succès ?
Il faudrait un livre entier de plusieurs centaines de pages pour l'analyser. J'ai choisi de l'illustrer par des citations extraites des dialogues pour chaque épisode. Au lecteur ensuite de se faire une idée, s'il a vu la série, ou si cela lui donne envie de la voir.

Saison 1

Episode 1 : Au-delà du Mur : les marcheurs blancs sont réapparus. Winterfell…

Episode 2 : Le Mur et les Gardiens du Mur, les hommes en noir qui ont fait vœu de chasteté pour défendre le Mur

Episode 3 : L'hiver arrive. Et il peut durer le temps d'une vie ! Ce ne sont pas des pigeons voyageurs qui transportent des messages mais des corbeaux. Ils les appellent comme ça mais ce sont des corneilles.

Episode 4 : Le Tournoi

Episode 5 : « Des complots, des coups de poignard dans le dos, du léchage de cul et des combines pour l'argent. » Le roi Robert.

Episode 6 : « A la Mort on ne dit qu'une chose : pas aujourd'hui », explique le maître d'armes…

Episode 7 : « Quand on joue au jeu des trônes, soit on gagne, soit on meurt ». Et « Je vous avais pourtant prévenu de ne pas vous fier à moi. » Cersei Lannister.

Episode 8 : « Votre père doit avouer et reconnaître que je suis le roi, sinon pas de miséricorde » (Joffrey) « Il le fera ! » (Sansa)

Episode 9 : « Nous faisons tous notre devoir quand c'est facile ! »

Episode 10 : Les Dragons ! On ne peut pas quitter la « garde de nuit »

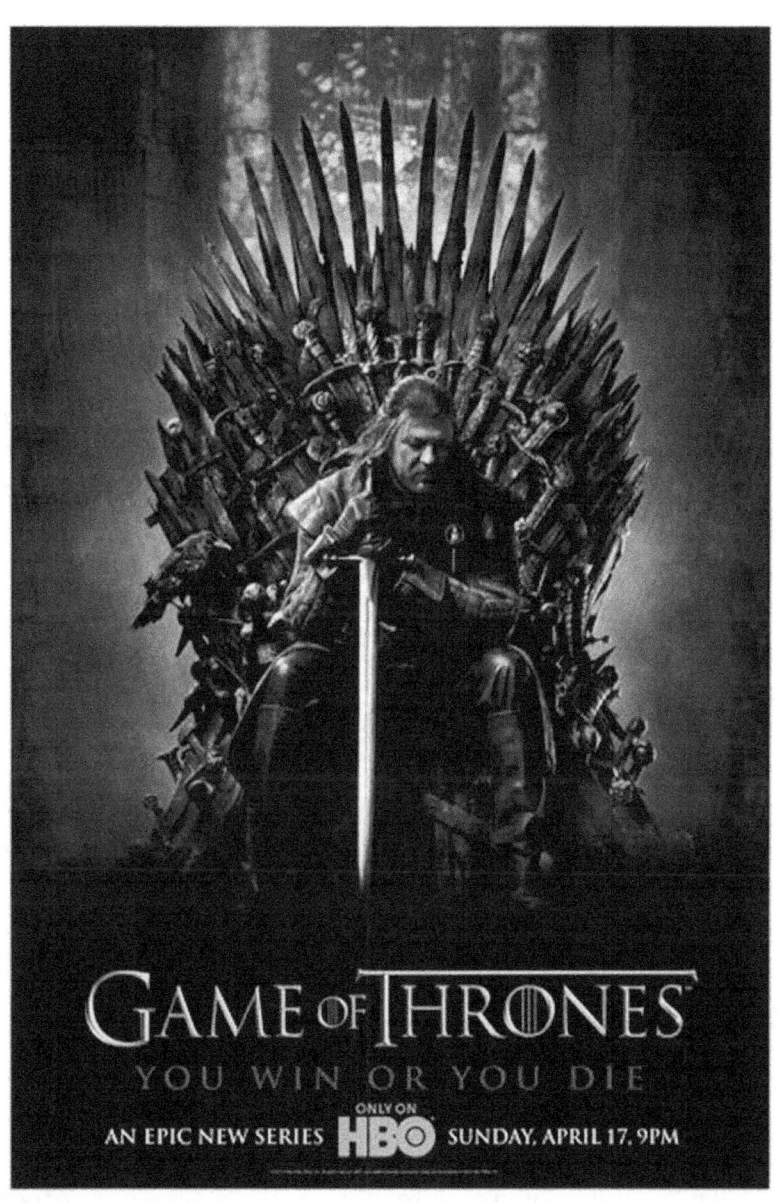

Saison 2

Episode 1 : Le « long » été est fini. Ils n'ont que 5 ans de réserves pour l'hiver. La comète rouge annonce les dragons. « Tu veux devenir un chef ? – Oui ! – Alors, apprends d'abord à obéir ! » L'épée de feu qui se nomme Illumination ! « Le roi Joffrey est un Baratheon ! - Ah oui ? »

Episode 2 : « Je ne peux pas la voler ! C'est une personne, pas une chèvre ! »

Episode 3 : « Le pouvoir est un leurre, une ombre sur le mur... » On parle beaucoup de chier, de péter, de sexe (hétéro et homo)

Episode 4 : « Une bonne action n'efface pas la mauvaise, et la mauvaise n'efface pas la bonne. » « Les ombres ne peuvent pas vivre dans le noir. Elles sont les servantes de la lumière. Les enfants du feu. »

Episode 5 : « Il n'y a rien de plus écœurant qu'un homme qui est amoureux. » Les feux Grégeois.

Episode 6 : « On est en guerre. On a toujours été en guerre et ça ne sera jamais fini parce qu'on ne se bat pas contre un ennemi, on se bat contre le Nord, et il restera toujours où il est ! »

Episode 7 : « On n'est pas au service d'un quelconque roi de merde, qui n'est roi que parce que son père l'était. » « Faire pleuvoir du feu du haut du ciel ! »

Episode 8 : « Comment être courageux si on a peur ? – C'est à ce moment-là qu'on est courageux ! »

Episode 9 : « Ils se réjouiront de voir sa tête sur un pieu ! – Oui, mais il faut l'y mettre... » « Ne compte pas sur ton cul pour te sortir de tout ! – Il m'a servi jusqu'à maintenant... » « Je n'aime pas beaucoup ma tête, mais je préfère ne pas m'en séparer pour l'instant. »

Episode 10 : Le Nain et la Putain !

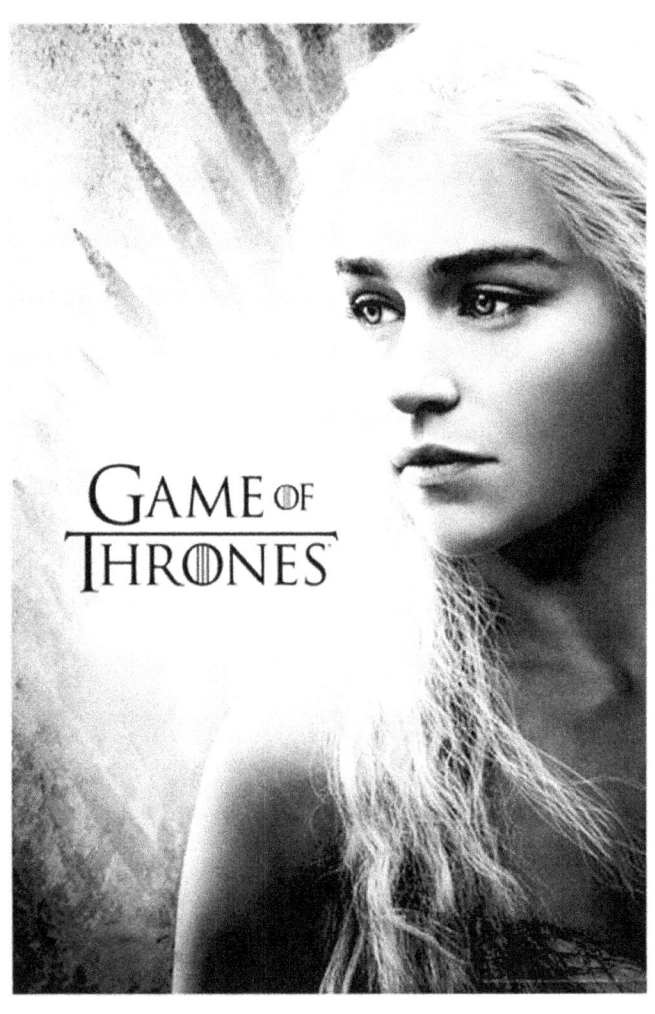

Saison 3

Episode 1 : Trahir pour lutter contre les marcheurs blancs...

Episode 2 : Le « corbeau » à trois yeux est de retour. Cette fois, enfin, ils l'appellent Corneille...

Episode 3 : « Dans chaque homme se cache une bête et elle se réveille quand vous lui mettez une épée dans la main. »

Episode 4 : « La voix sortie des flammes » et « Jaime Lannister sans sa main droite »...

Episode 5 : « La nuit est sombre et pleine de terreur ».

Episode 6 : « « L'ascension est la seule réalité ! »

Episode 7 : « Tu seras ma Dame pour toujours ! – Je suis ta putain. Et quand tu en auras assez de me baiser, là je ne serai plus rien ! » « Le Dieu Rouge est le seul vrai Dieu ! »

Episode 8 : « Les sœurs du silence, avec leur mine sévère, leur bouche muette et leur chatte desséchée. » « Je suis le seigneur du vin et des seins ! »

Episode 9 : « Vous avez appris tout ça en lisant des marques sur un vieux papier ? » « Tu y es presque ! Et tu as peur de ne pas arriver au bout. Plus tu approches et plus la peur augmente. » « Les dieux adorent récompenser les crétins. » « Il faut un fourreau à une épée. »

Episode 10 : « Vous avez vu les Marcheurs Blancs, l'armée des Morts... » « Nous rompons le pain avec eux, mais ne ferons jamais partie de leur famille. » « Quand on en finit avec un ennemi, on s'en crée deux de plus. »

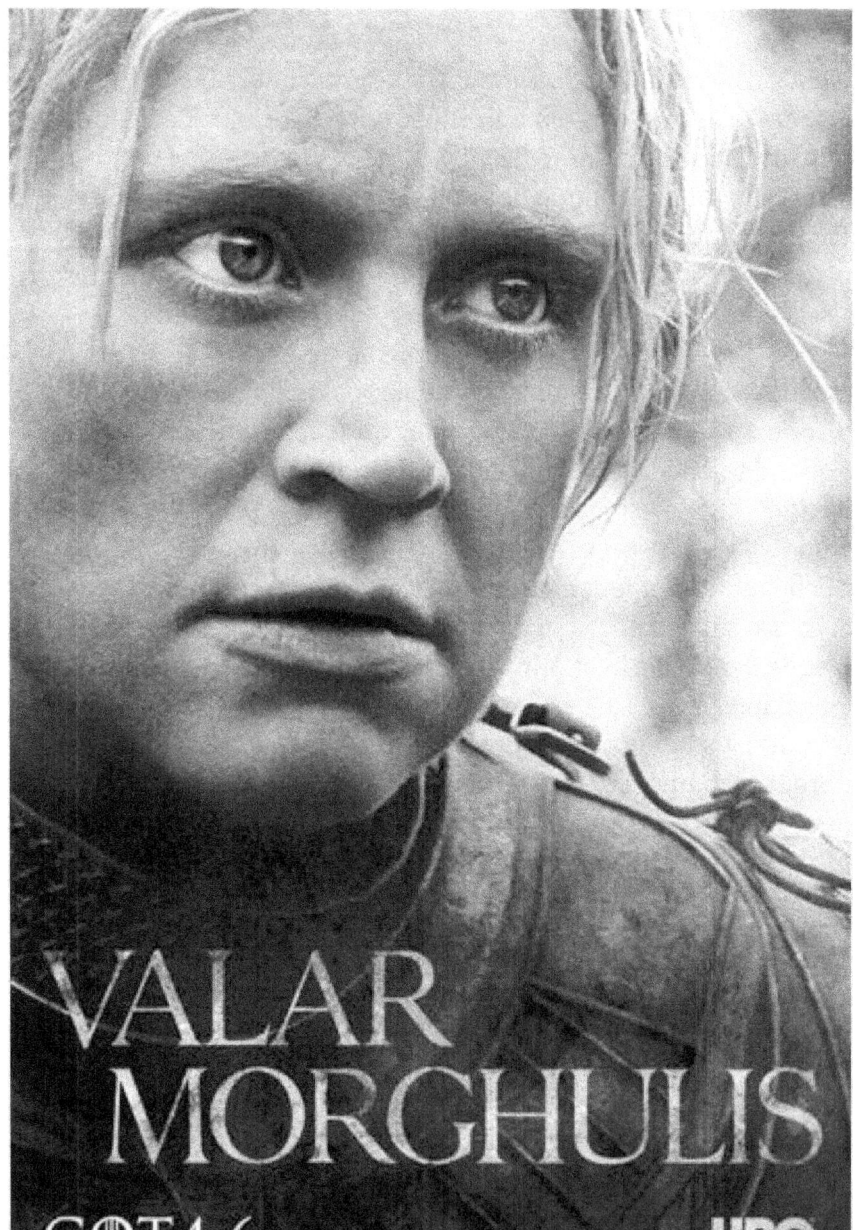

VALAR
MORGHULIS

GⓞT4.6

HBⓞ

Saison 4

Episode 1 : Arya a retrouvé son épée « Aiguille »

Episode 2 : Que ne ferait-on pas pour la famille ? Ils brûlent les mécréants. « Les sept enfers et les sept paradis n'existent pas ? » La guerre des cinq rois.

Episode 4 : « Je la trouverai ! Pour lady Catelyn… et pour vous ! »

Episode 5 : « Brûlez-le et les corps avec ! »

Episode 6 : « Tant qu'ils le martyrisent en toute impunité… » « M'aimes-tu Schlingue ? – Bien sûr Monsieur. » « Je demande un duel judiciaire ! »

Episode 7 : « Les plaisanteries sont des mensonges et vous êtes dévouée à la vérité. » « La chair a ses propres besoins. »

Episode 8 : « Ce qui est mort ne saurait mourir. » « Devant les Dieux et les Hommes, nous sommes assemblés pour établir la culpabilité ou l'innocence de… cet homme, Tyrion Lannister. »

Episode 9 : « L'amour est la mort du devoir. » « Tu sais ce que commander signifie ? Les petits malins de service te remettent toujours en question… » P…in quelle bataille !

Episode 10 : « Pour la famille ! » « Je n'ai pas de roi ! »

Black Mirror

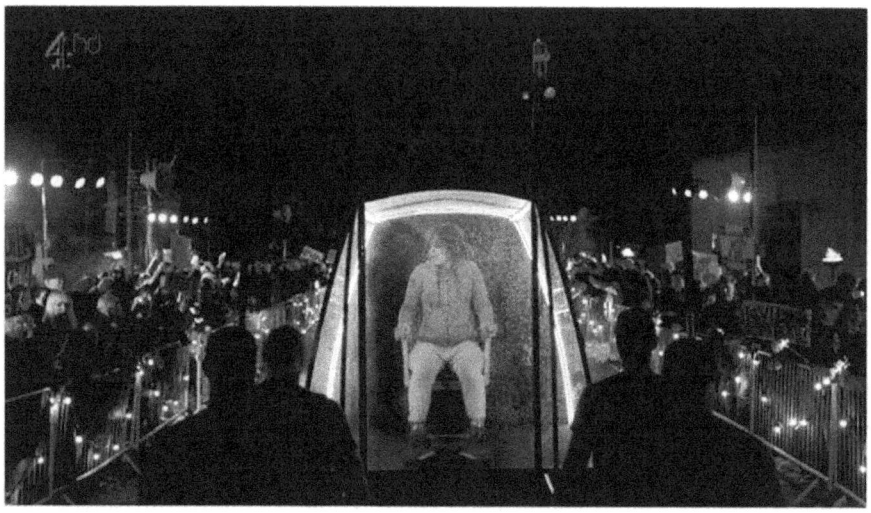

Série télé britannique de Charlie Brooker (2011).
Trois saisons, les deux premières de 3 épisodes. Pas vu la troisième…
Que deviendrons-nous dans quelques années ? Les nouvelles technologies, mais aussi les mœurs vont influer sur nos vies. Voici comment l'envisagent les créateurs de Black Mirror !
Superbe série télévisée.
Les titres des épisodes sont de la rédaction et non pas des producteurs de la série.

0101 : La truie !
Il y a de l'idée.
Ça paraît tellement plausible. C'est pourtant tellement ignoble.
Quelles sont les motivations d'un preneur d'otage ? Quelle bande
de cons les « gens » !

0102 : Hot Shot
Un peu comme ça notre vie... Désespérant. On ne peut pas s'en
sortir. Toujours prisonniers de la production et de ceux qui la
dominent. On bosse, on regarde les écrans et on rebosse et on
reregarde les écrans. Et quand on veut s'en sortir, on tombe au-delà
de l'écran.

0103 Le grain des souvenirs... mortels...
C'est fort ! Très fort et si vrai ! Un petit soupçon né d'une scène vue
de manière subreptice. Du subliminal presque... Et si on pouvait
grâce à une merveilleuse invention retracer les souvenirs ????
Mais... en fin de compte, ne vaut-il pas mieux ne pas savoir ?

0201 Ton esprit, ton TOI est sur la Toile !
Même quand tu meurs tu restes, car presque tout ton TOI est sur la
Toile ! Mais la copie ne vaut pas l'original. Ils ont été trop loin, mais
qui sait ?

0202 FILME ! (Ours Blanc)
Il faut toujours payer sa dette. Dans la vie courante, la peine n'est
jamais équivalente à l'horreur du crime. Mais là...

0203 WALDO...
Ah ! La télé ! Deviendra-t-elle aussi ignoble ? L'avenir des « Guignols
de l'info » et du « tous pourris... » Voilà où ça va nous mener...

Helix

Créée par Cameron Porsandeh, Ronald D. Moore (2014)

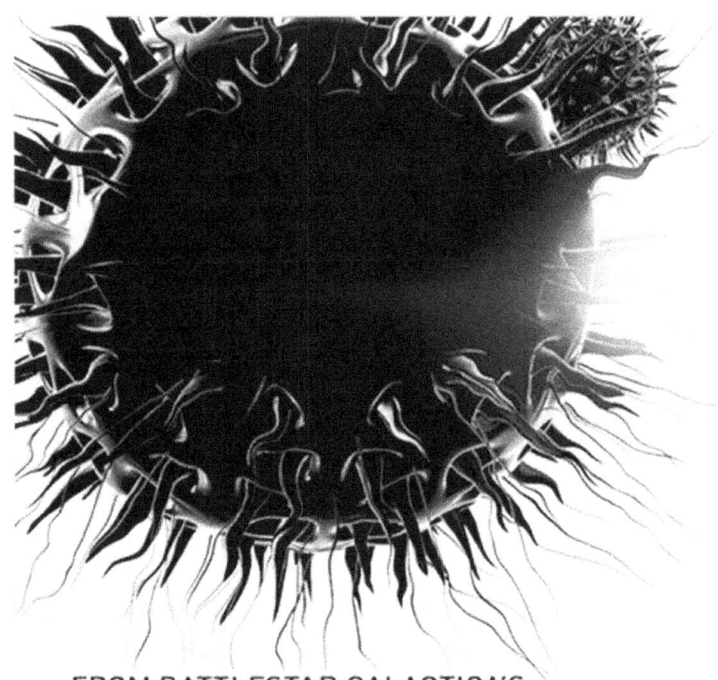

FROM BATTLESTAR GALACTICA'S
RONALD D. MOORE

HELIX

2014 | Syfy

#HELIX

Série américaine. Deux saisons. Diffusée sur SyFy en premier.

Ils n'ont pas inventé la Lune ! Le même thème que *The Thing* : l'infection se répand dans une base polaire isolée de l'Arctique. Mélangé avec les thèmes de l'infection de *Resident Evil*.

Il y a deux sortes de malades : les « infectés » et les « vecteurs ». Ces derniers cherchent à transmettre leur maladie, ce sont en fait des zombies, les autres meurent décomposés... Mais ces zombies restent plus humains que les « vrais » zombies, ce qui a pour but, semble-t-il de les rendre plus terrifiants, mais je ne suis pas sûr que ce soit réussi.

Une équipe des CDC est envoyée pour contrôler et empêcher l'épidémie. Tâche difficile on s'en doute...

Chaque épisode relate les événements d'une journée.

C'est très médical, biotechnologique.

« Le virus n'est pas notre pire problème ! » S'exclame le directeur de l'équipe des CDC.

Tout le monde ou presque est à moitié mort ou en voie de l'être...

C'est très grossier au niveau scénario. Par exemple un soldat reçoit un coup de piolet dans le ventre et est laissé abandonné sans équipement à - 50°C dehors et s'en sort quasiment indemne...

Série plus dégoûtante que passionnante. Ce ne sont pas les histoires d'amour bateau du héros qui vont la rendre plus intéressante

Dracula 2013

Cole Haddon et Tony Krantz

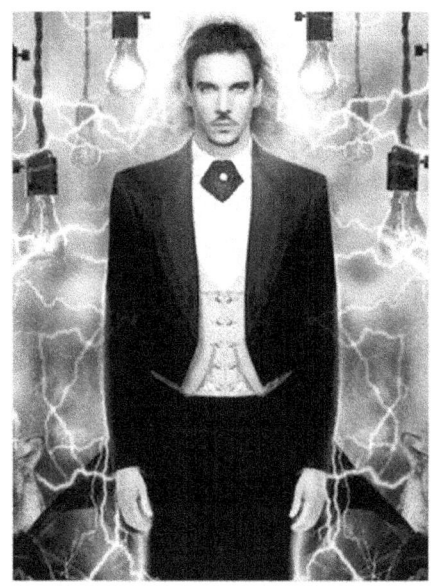

Le prologue du pilote est saisissant !

Un mélange habile de *Dracula* et *Frankenstein* qui ne tient pas ses promesses.

Une histoire très originale de Dracula dans un monde steampunk sur une découverte du champ électrique.

Un mélange de moralité et d'immoralité, d'amour et de haine, toute la dialectique de *Dracula*.

Tout le monde est guidé par l'amour et le pouvoir.

Dommage, la série a été interrompue, car, comme je l'ai écrit plus haut, elle n'a pas tenu ses promesses.

Under the Dome

Brian K Vaughan 2013

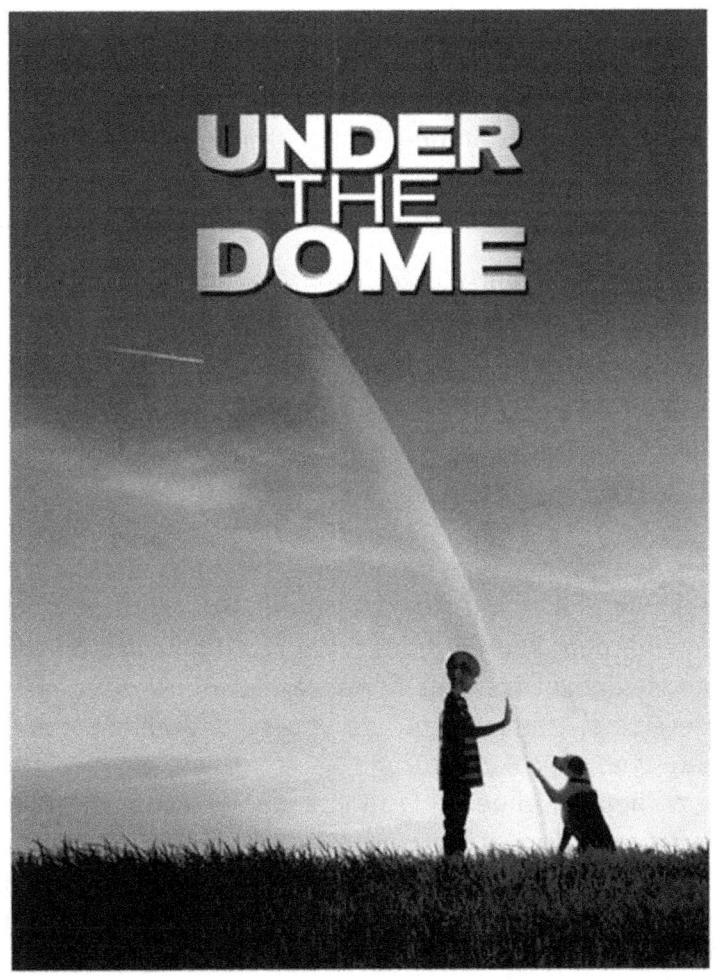

Trois saisons. Tout cela est, paraît-il, supervisé par Stephen King... Une adaptation de l'œuvre de Stephen King (2009) publiée en 2011 chez Albin-Michel sous le titre « Dôme ».

Voici ce que j'écrivais de ce roman dans sfmag N° 72 :

Ouf ! C'est avec soulagement que je suis parvenu à lire les deux volumineux tomes du dernier Stephen King. J'attends toujours avec impatience les nouveaux écrits de mon écrivain préféré. Si je dis « ouf ! » ce n'est pas par lassitude c'est parce que tout est toujours très long dans Stephen King. Et là on n'a pas moins de 91 personnages !

Lire du Stephen King demande un certain effort, mais cet effort est tellement récompensé.

Si le livre était plus court on ne le quitterait pas jusqu'à la fin tant l'écriture est fluide, les descriptions visuelles, les caractères bien trempés, le récit haletant, l'intrigue affûtée. On ne s'ennuie jamais.

Ce volumineux roman traite du sujet habituel de Stephen King : que ferions-nous, que feraient les « gens » s'ils étaient placés dans telle ou telle situation ?

Ici c'est tout simple : un dôme transparent mais indestructible recouvre une petite ville américaine. Et alors les passions se déchaînent, le Mal et le Bien s'affrontent violemment, la Loi n'est plus la même pour tout le monde, car ceux qui avaient le pouvoir local avant le dôme l'exercent de manière honteuse.

« Sous le Dôme, toutes sortes de choses devenaient possibles. » Écrit l'auteur en page 615 du Tome 1.

Il va même apporter une explication à l'existence de ce dôme. Une créature l'a créé. La description de cette créature m'a rappelé un vieux roman de SF de 1960 : *Les Cuirs bouillis* de D.A.C. Danio, publié chez Hachette dans la collection Le Rayon fantastique.

Malgré tout j'apporterais une petite critique. Ce roman est tellement vaste que Stephen King n'a pas tout à fait maîtrisé l'intrigue. En effet, alors que l'on voit les opposants au deuxième conseiller dictatorial s'organiser pour la lutte, en fait, ils se sont organisés pour rien, car l'auteur propose une issue complètement différente de celle plus qu'amorcée...

On peut aussi le prendre à l'inverse ; il a ainsi réussi, une fois de plus, à étonner son lecteur...

Mon auteur préféré n'est pas un fainéant ! Non seulement il écrit beaucoup mais il se documente, il enquête, il veille à ce que tout ce qu'il raconte soit vrai, soit crédible parce que vrai. Pour cela il faut travailler, un énorme travail.

Enfin, bref, ce Stephen King est le plus grand écrivain de notre temps et chacune de ses œuvres apporte un plaisir de lecture assuré.

Je n'en dirais pas autant de la série télé... Pas très bien jouée. Scénario édulcoré. Lissage des personnalités, récit moralisé. Mais ça se regarde. Cette horreur malsaine, cette perversité humaine qui se déchaîne sous le « dôme » est si bien décrite par Stephen King dans son livre que la série télé ne peut pas lui arriver à la cheville.

Et c'est normal !

True Blood

Alan Ball (créée en 2008)
7 saisons

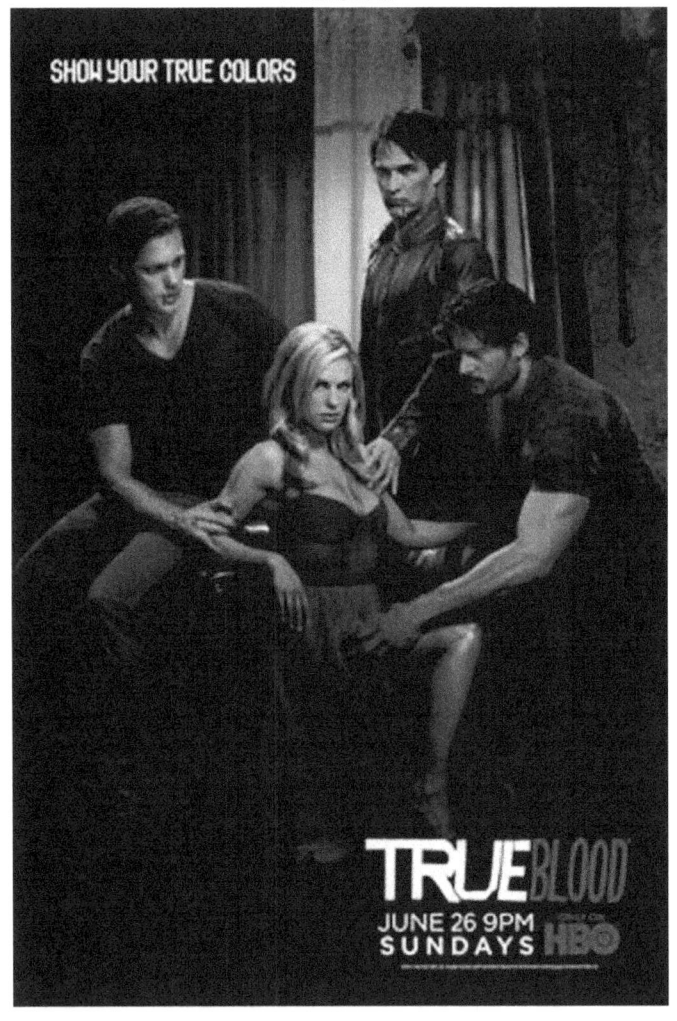

Ici les vampires peuvent côtoyer les humains, car on a découvert le moyen de synthétiser le sang, ce liquide merveilleux est appelé « True Blood »...

C'est bien ! Mais, évidemment, les vampires ne se satisfont pas de cet ersatz... Ils préfèrent le sang chaud qui coule des artères de belles jeunes femmes, et faute de mieux, de n'importe quel humain....

De plus ces vampires sont de chauds lapins. Ça baise beaucoup dans cette série. D'ailleurs selon certains c'est ce cul qui est la base de son succès particulièrement chez les ados...

Moi j'y vois une espèce d'idéologie anti puritaine qui s'exprime clairement dans le générique que je trouve très amusant. Il y a aussi une nouvelle drogue, le « V », le sang de vampire qui vous donne des effets époustouflants quand vous en prenez... Il y a beaucoup de morts, le sang coule, les méchants deviennent gentils, et vice versa, parfois on le croit mais on est trompé par le scénariste...

Le personnage principal est Sookie Stackhouse, une petite jeune blondinette qui lit dans les pensées. Mais cet attribut ne prend que peu d'importance dans les intrigues qui s'imbriquent d'un épisode à l'autre. Elle a l'air angélique, mais ne vous y fiez pas, elle baise beaucoup aussi, et ne parlons pas de son frère Jason... Toutes ces histoires sont inspirées de l'œuvre de Charlaine Harris : *La communauté du sud* publiée chez Pygmalion...

The Vampire Diaries

Kevin Williamson, Julie Plec (créée en 2009)

7 saisons

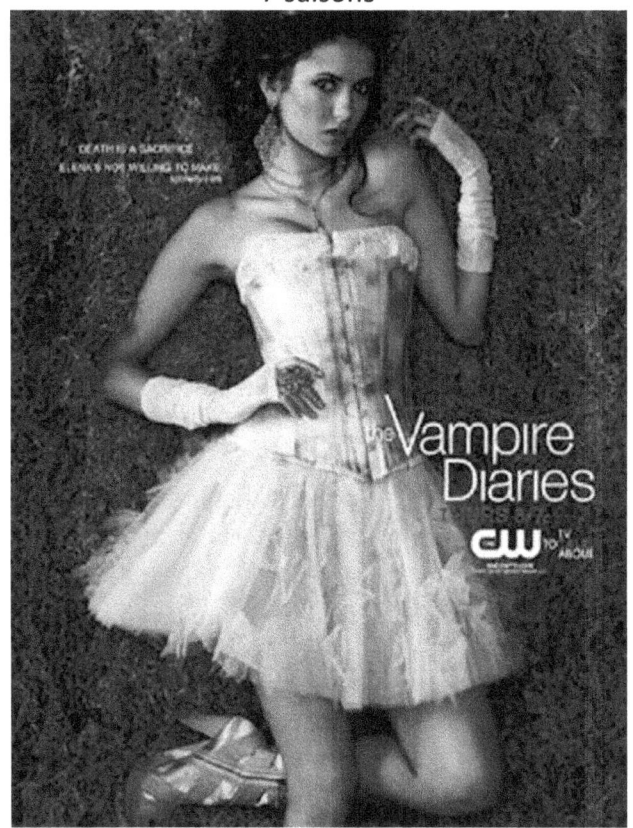

Kevin Williamson s'était spécialisé dans les films d'horreur dont l'intrigue se déroule sur les campus américains. Il développe ici cette aptitude en mettant en scène des vampires, restés à l'âge ado, qui vivent sur un campus...

Les vampires, ici, sont facilement amoureux, ils peuvent vivre au soleil grâce à une bague et luttent contre leur diabolique nature...

Le passé les hante notamment avec Katrina, le sosie de l'héroïne principale, Elena Gilbert.

Cette dernière est amoureuse des deux frères vampires : Stefan et Damon Salvatore. Ah ! Ces Italiens !

Il y a aussi des loups-garous, bien sûr, dont la morsure peut être mortelle pour un vampire.

Je trouve l'intrigue plus souple, plus élégante que dans True Blood...

Cette série a engendré un « spin off » :
The Originals de Julie Plec (2013)
4 saisons

Les 4400

Scott Peters, René Echevarria (2004)
4 saisons 45 épisodes

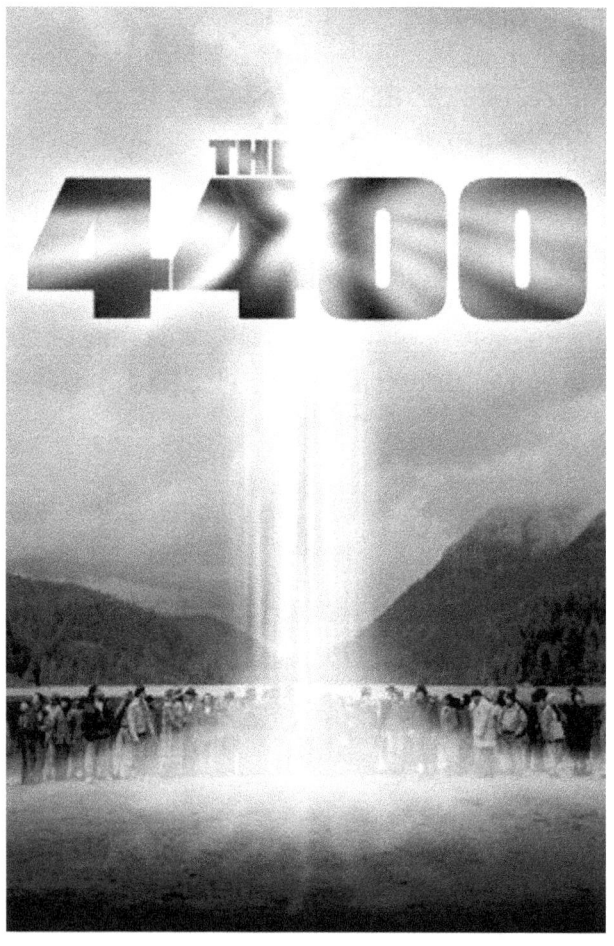

Cette série a été arrêtée en 2007 brutalement, à cause de la grève des scénaristes.

Un jour, 4400 personnes disparues au cours du vingtième siècle, réapparaissent comme par enchantement... Elles ont conservé l'âge qu'elles avaient au moment où elles ont disparu...

Et, cerise sur le gâteau, elles ont des pouvoirs, des dons particuliers....

La série est centrée sur le service de police qui est chargé de suivre cette affaire, et notamment deux policiers du FBI : Tom Baldwin et Diana Skouris.

Cette série est très lovecraftienne !

Voici ce que j'en dis dans mon livre Lovecraft au cinéma... Les deux premiers épisodes de la 2e saison mettent en avant des œuvres de Lovecraft (*Les Montagnes hallucinées* et *Dans l'abîme du temps*). La "Guest Star" de cette intrigue n'est autre que Jeffrey Combs qui a joué Herbert West dans la série des films *Re-animator* ! Puis tout au long d'épisodes suivants, il se montre toujours avec une seringue pleine d'un liquide fluorescent, comme dans ces films justement !

La série laisse sur sa faim. L'acteur qui joue le rôle de Tom en fait trop. Les derniers épisodes (calqués sur *L'affaire Charles Dexter Ward* de Lovecraft) le voient passer de manière caricaturale d'une personnalité à une autre...

Heroes

Tim Kring (Créée en 2006, arrêtée en 2010)
4 saison 78 épisodes

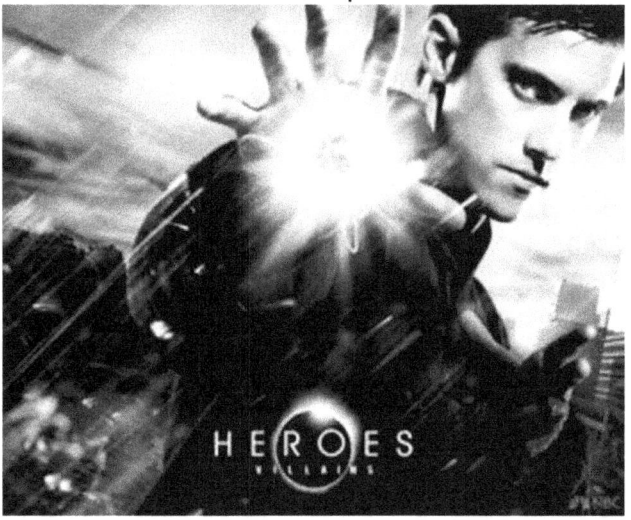

Au début on est fasciné par les personnages et la manière dont ils découvrent leur pouvoir.

L'explication de ces pouvoirs tient à l'évolution selon Darwin, l'espèce humaine évolue...

Ces super-héros, souffrent de leurs pouvoirs. Certains en deviennent fou, psychopathes dangereux comme Sylar.

D'autres, comme Hiro le Japonais, veulent l'utiliser pour sauver le monde, car il a le pouvoir de changer l'espace-temps...

Puis, les scénaristes emmènent le spectateur dans un labyrinthe duquel il n'arrive plus à sortir. Les personnages sont nombreux et le destin de chacun d'entre eux est découpé en rondelles qui s'intercalent et on est vite perdu.

Il y a un certain sadisme du scénariste qui frise le manque de respect pour le spectateur.

Ces énormes pouvoirs permettent des faits incroyables desquels on ne peut pas s'en sortir. À chaque fois on se dit : « Ah ! là, ils sont forts, comment vont-ils s'en sortir ? » Et à chaque fois on est déçu ! C'est trop facile, le méchant change d'avis, ou c'est le gentil qui a le plus de pouvoirs...

Les méchants deviennent gentils et vice versa... On perd tout point de repère.

Sylar meurt je ne sais combien de fois pour renaître à chaque fois. C'est exaspérant, car on n'est pas surpris, après quelques épisodes, on sait exactement ce qu'il va se passer !

Le seul personnage intéressant qui est bien travaillé est le seul qui n'est pas un Heroe » c'est Noah Bennet, l'agent de la compagnie qui enlève les Heroes...

La série est émaillée de voix off avec une philosophie de comptoir, utilise les procédés narratifs les plus éculés comme les gens qui écoutent aux portes, les personnages parlent beaucoup trop...

La dernière saison est centrée sur une fête foraine dans laquelle le leader rassemble petit à petit les heroes, car leur proximité lui donne un pouvoir très fort. Il s'appelle Samuel.

Le personnage est une caricature. Il ne tient pas debout. La manière dont il manœuvre les gens est grossière. Les scénaristes sont des fainéants, ils ne font aucun effort pour respecter le spectateur...

Évidemment, dans cette saison, la fête foraine, avec ses attractions et ses « monstres », se réfère à *Freaks* le film de Tod Browning (1932), mais ça ne suffit pas pour faire de cette série un chef-d'œuvre !

Une suite, **Heroes Reborn,** avait été programmée par Tim Kring en 2015 et finalement annulée ! J'avais vu le pilote, ou un premier épisode de la saison 0, je ne sais plus, mais il ne m'avait pas emballé.

The Walking Dead

Créée par Frank Darabont (2010)
7 saisons

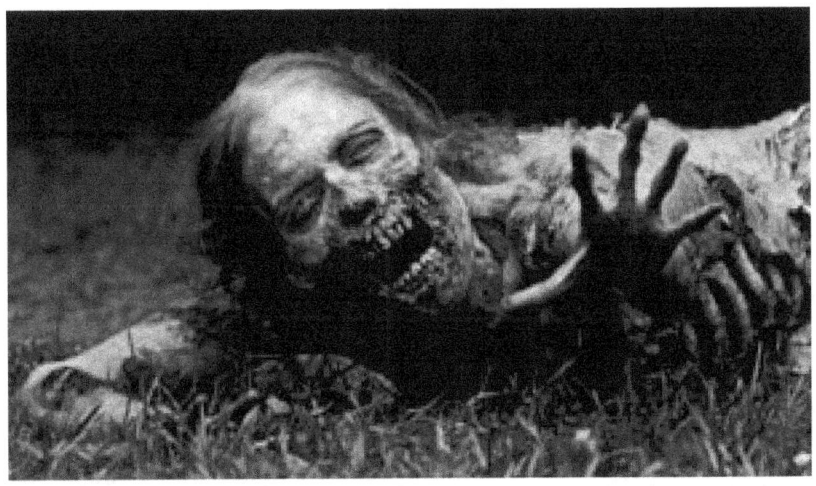

Frank Darabont (né en 1959) est aussi un réalisateur de cinéma. Il a fait :

Trois adaptations de Stephen King :

Les Évadés (1994) - *La Ligne Verte* (1999) et *The Mist* (2007) dont il fut aussi le scénariste. Il fut également scénariste de *Godzilla* (2014) de Gareth Edwards, et aussi, bien sûr, de plusieurs épisodes de *The Walking Dead,* ainsi que de *Freddy 3* (1987) et *Le Blob* (1988) de Chuck Russel, de *La Mouche 2* (1989), du *Frankenstein* (1994) de Brannagh et de deux épisodes des *Contes de la Crypte* (1990 et 1992)

L'espèce humaine a quasiment disparu. Une épidémie de zombies a eu raison d'elle. Quelques survivants se regroupent et luttent pour survivre.

La série travaille sur les personnages dont la psychologie est bien cernée. Les rapports humains dans le groupe sont étudiés. Il y a bien une espèce de simplification, d'épuration du caractère de chacun mais c'est pour mieux le comprendre.

« Le monde a changé ! Déclare l'un d'eux...

- Non ! Il n'a pas changé d'un poil, les faibles n'ont aucune chance. »

De plus il ne faut pas se fier aux apparences : les méchants ne sont pas toujours ceux qu'on croit.

Le phénomène zombie est également bien traité. Ils ne disent pas seulement que c'est une maladie, ils le montrent.

« Il n'y a pas d'espoir ! »

Les sentiments sont très présents : « Ce sont des choses qui ne se font pas : entrer tout d'un coup sans prévenir dans la vie de quelqu'un, lui faire éprouver de l'affection et puis filer à l'anglaise ! »

Il y a une scène où le personnage principal voit une zombie qui n'a plus ses jambes. Il l'observe et la suit quand elle se traîne sur la pelouse du parc. Puis il la tue par commisération. Il y a une espèce de voyeurisme dans cette scène, mais aussi, un reste d'humanité...

Cette série est superbe, bien loin de tous les clichés sur les zombies...

Elle a fini pourtant par me lasser à partir de l'épisode dans l'hôpital (S05E04).

C'est le thème moralisateur, culpabilisateur de manière biblique, qui a fini par me lasser.

Sans vouloir enlever leur talent aux créateurs de cette série et à celles et ceux qui l'ont tournée, le thème traité est celui que *George*

A. Romero a développé dans toute son œuvre depuis son film culte
La Nuit des morts-vivants (1968)…

La Nuit des morts-vivants (1969)

Il y avait déjà eu *White Zombie – les morts-vivants* (1932) de Victor
Halperin, avec Bela Lugosi.

La Nuit des morts-vivants (1968) est le film qui donna sa célébrité à
George Romero qui sut magnifiquement puiser dans ce nouveau
mythe pour en faire une vraie trilogie : *Zombie* (1978) – produit par
Dario Argento – et *Le Jour des morts-vivants* (1985). Puis, plus tard il
réalisera *Land of The Dead* (2004) et *Diary of the Dead* (2088), ainsi
que *Survival of the Dead* (2009) , films dans lesquels il affichera plus
clairement son Idéologie d'extrême gauche : les morts-vivants sont
des êtres vivants comme les humains et ils ont droit à notre
considération. D'ailleurs, dit-il, regardez ce que font les humains,
croyez-vous que ce soit mieux ? Cela est explicite dans *Land of the
Dead*…

La Nuit des morts-vivants pourrait être défini comme le néoréalisme
au service du fantastique, ce qui ne manque pas de contradictions,
mais apparente seulement. En effet, Romero a tourné avec peu de
moyens, sur le mode du reportage, dans un décor naturel
absolument réaliste. C'est l'opposé du film gothique, car l'horreur
ne vient pas du décor, mais de la situation. Il rend ainsi crédible
cette histoire de morts-vivants. L'originalité, à l'époque, réside aussi
dans le fait que le personnage principal, héros positif, seul maître de
lui-même, est un Noir. À l'époque où le film sortit en salle, on en
sortait bouleversé et terrorisé. Les deux suites sont en couleurs et
encore plus terribles, car, la fin reste totalement ouverte. Ce thème
a fait la fortune d'autres cinéastes. Le scénariste Dan O'Bannon
réalise en 1984 *Le Retour des morts-vivants*, parodie terrifiante du
thème cher à Romero, dans laquelle seul le cerveau des vivants est

consommé et surtout, au fur et à mesure que l'action se déroule, le mal s'étend et aucune solution n'apparaît, au contraire, la situation s'aggrave de minute en minute jusqu'à la catastrophe finale. Le responsable de tous les maux est bien sûr l'armée américaine. Tant qu'on peut se défouler sur elle dans des films... *Le Retour des morts-vivants 2* (1987) de Ken Wiederhorn et *Le Retour des morts-vivants 3* de Brian Yuzna participent de la même terreur, avec de moins en moins de parodie. Enfin, les Italiens reprennent le thème pour en faire des films assez originaux comme Lucio Fulci dans les années soixante-dix et Michele Soavi, plus récemment. George Romero, décidément insatiable sur ce sujet, a produit un remake en couleurs avec quelques variantes de scénario : *La Nuit des morts-vivants* (1990) de Tom Savini.

La Nuit des morts-vivants semble exaucer un souhait du grand cinéaste français, Jacques Tourneur, qui avait dit : « *Le véritable film de terreur n'a jamais été fait. J'ai un projet qui n'a jamais été tourné : la guerre entre les morts et les vivants. Nous sommes combien sur Terre aujourd'hui ? Quatre milliards. Et combien y a-t-il de morts ? Nous, les vivants, sommes une minorité. Pour moi, il y a trois mondes parallèles. Tous ces mondes sont enchevêtrés les uns et les autres et se développent parallèlement. J'en suis persuadé !* » Et puisque nous sommes dans les citations, voici celle de Stephen King dans son essai *Pages noires*, édité en 1981 aux États-Unis : « *Les histoires de goules et de cannibales nous entraînent au cœur d'un territoire authentiquement tabou – voir les réactions suscitées par* La Nuit des morts-vivants *et* Zombie *de George Romero.* »

Il est vrai qu'aujourd'hui, pratiquement plus personne ne conteste le statut de chef-d'œuvre à ce film. Mais il n'en était pas question à l'époque de sa sortie. C'est que dans le domaine du cinéma, il en est de même (moins aujourd'hui) que dans le domaine de la littérature : la critique s'intéresse peu au fantastique, sauf pour le dénigrer. Je ne suis pas le seul à le penser, Stephen King le dit également, avec beaucoup plus de talent : « *... Maints critiques [...] se conduisent avec notre genre d'élection (le fantastique) à la façon de ces riches dames yankees qui visitaient les enfants dans les usines de Nouvelle-Angleterre pour leur apporter des paniers de victuailles, de la dinde à Thanksgiving et des œufs en chocolat à Pâques. Ces critiques-là, qui sont aussi inconscients de leur élitisme arrogant que de leur ignorance des ressources et des qualités de la littérature populaire, perçoivent parfaitement le caractère ridicule des chaudrons de sorcières, des chapeaux pointus et autres clichés du surnaturel, mais ils ne peuvent pas – ou ne veulent pas – reconnaître les archétypes universels présents dans les meilleures œuvres du genre.* »

Avant de regarder le film, savourons la bande-annonce.

Les extraits les plus terrifiants du film sont commentés par une voix off dramatique dans une ambiance musicale dramatique : « *La nuit des morts-vivants. Les morts qui se nourrissent de la chair des vivants. Les âmes mortes qui viennent traquer les vivants. Les vivants, la seule nourriture de ces créatures du diable. La nuit des morts-vivants. Un voyage au bout de la peur. Une aventure plus terrifiante que vos cauchemars les plus horribles. La nuit des morts-vivants.* »

Filmographie de **George A. Romero** (Né en 1939)

C'est lui l'inventeur des nouveaux zombies !

La Nuit des morts-vivants (1968) – There's Always Vanilla (1970) – Hungry Wive (1973) - La Nuit des fous vivants (1973) – Martin (1976) - Zombie le crépuscule des morts vivants (1978) - The Knighttriders (1981) – Creepshow (1983) - Le Jour des morts vivants (1985) – Incident de parcours (1988) – Deux yeux maléfiques (Avec Argento) (1992) – La Part des ténèbres (1993) – Bruiser (2000) - Land of the Dead (2004) (Le Territoire des morts) – Diary of the Dead (2008) – Survival of the Dead (2009)

Les remake :

La Nuit des morts-vivants (1990) de Tom Savini – *L'armée des morts(2004)* de Zack Snyder – *Le Jour des morts vivants 2 (2005)* d'Anna Clavell – *Le Jour des morts vivants (2008)* de Steve Miner.

Bien sûr il serait impossible de citer tous les films d'horreur inspirés de ceux de Romero tant il y en a. Je citerai les films de Lucio Fulci : *L'enfer des zombies (Zombi 2) (1979) – Frayeurs (1980) – la Maison près du cimetière (1981) – L'au-delà (1981)*

Enfin, il faut citer la trilogie plus ou moins parodique : *Le Retour des morts-vivants* de Dan O'Bannon (1984) – *Le Retour des morts-vivants 2* de Ken Wiederhorn (1987) – *Le Retour des morts-vivants 3* de Brian Yuzna (1993)

Sachons également que le jeu vidéo *Resident Evil,* dont quatre films ont été tirés, est inspiré directement de l'œuvre de Romero.

Dead Set

Charlie Brooker (2009)
1 saison 5 épisodes

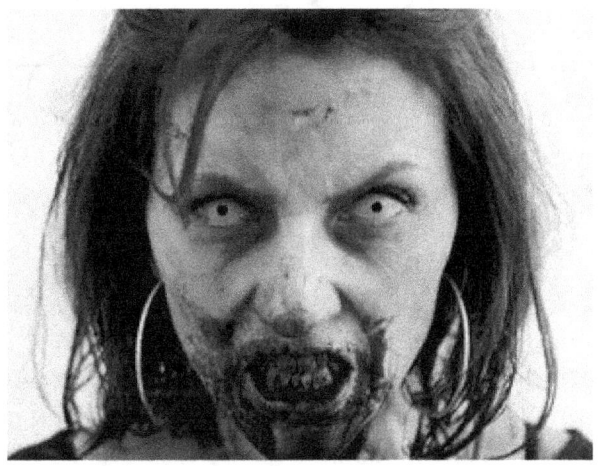

Dans *Walking Dead*, l'action se déroule dans la campagne et dans les villes. Il est difficile de progresser, car les zombies sont toujours là.

Ici, on joue sur le thème de l'enfermement.

Des candidats d'une émission de téléréalité genre « le Loft » sont coincés dans le studio alors que dehors le monde se zombifie. Ils doivent faire face aux attaques des monstres affamés de chair humaine. De plus ils sont très rapides, très violents et impitoyables !

Moins fouillé, moins travaillé, mais aussi terrifiant !

Masters of Horror

(2005)

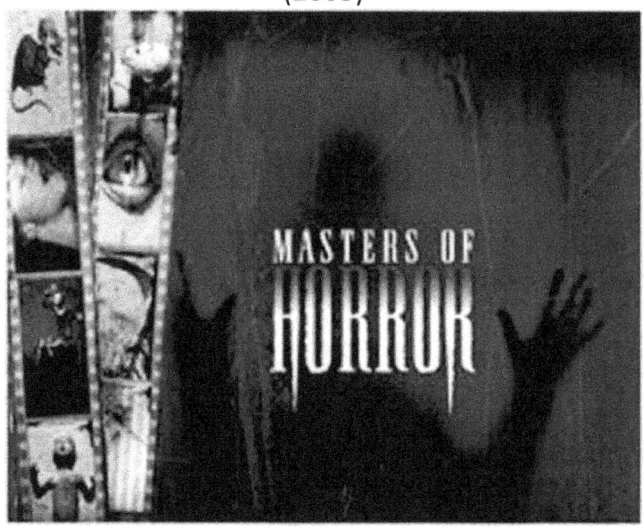

Cette série est un événement cinématographique !

13 cinéastes réalisent un film d'une heure *environ. Ce qui fait une série inégale mais aussi inégalée avec de très grands réalisateurs...* Elle reprend la grande tradition de séries comme *Les Prédateurs* qui adaptait de très bons textes de grands écrivains de l'horreur. Le chef-d'œuvre de cette série est sans conteste *"La Fin absolue du monde"* de John Carpenter, suivi par *"La Survivante"* de Don Coscarelli. Cette série comporte plusieurs histoires d'authentique SF comme *"Le Cauchemar de la sorcière"* - *"Vote ou crève"* – *"Liaison bestiale"* – *"La Danse des morts"*.

La Cave de William Malone
Une jeune adolescente est enlevée et incarcérée dans une cave. Elle y trouve un jeune garçon qui tente de se pendre... Au début j'étais un peu agacé en pensant : "Encore un film d'horreur avec un psychopathe tueur". Mais non c'est bien mieux que cela ! Que ne ferait-on pas pour retrouver son fils vivant après qu'il fut mort noyé...

Le Cauchemar de la sorcière de Stuart Gordon
Une adaptation réussie - comme toutes celles de Gordon - d'une œuvre de Lovecraft *La Maison de la sorcière* (*The Dreams in the Witch-House* – 1932)
Un étudiant en physique emménage dans une chambre au dernier étage d'une sombre bâtisse. Il sera hanté par la sorcière qui sévit dans les combles. Cette histoire est une des meilleures de Lovecraft. Il y montre sa connaissance approfondie des dernières découvertes scientifiques. Gordon continue dans cette veine en faisant expliquer à son personnage les dernières découvertes en mécanique quantique : la théorie des cordes et des branes... Le réalisateur n'a pas pu s'empêcher de placer son habituel asile psychiatrique, mais on a l'habitude !

Chocolat de Mick Garris
Un homme divorcé se voit dans la peau d'une belle femme. Une allégorie sur le narcissisme, mais aussi un petit emprunt au film *Dans la peau de John Malovitch*. L'histoire finit mal, bien sûr, car qui peut justifier le narcissisme ?

Vote ou crève de Joe Dante
Ce qui m'agace dans ce film c'est son côté propagande politique. On aura compris que Joe Dante n'aime pas Bush et les conservateurs,

qu'il utilise la très belle idéologie pacifiste pour parvenir à ses fins.. Bon ! Mais cette histoire de soldats morts qui sortent de leur tombe pour voter n'est pas vraiment intéressante.

La Fin absolue du monde de John Carpenter
Un homme recherche les bobines d'un film maudit qui a pour particularité de vous rendre horrible dans vos actes... Tout cela finira mal, très mal...
Le petit chef-d'œuvre de cette série. On a beaucoup de plaisir à retrouver notre John dans sa meilleure forme cinématographique. C'est un film d'horreur sur le cinéma. Comme peu ont été réussis. On pense bien sûr à *Videodrome* de David Cronenberg... Et John Carpenter, à mon avis, ne manque pas de rendre hommage à ce film qui comporte une scène gore absolument terrifiante comme on n'a peu l'occasion d'en voir.

Les Amants d'outre-tombe de John Mac Maughton, "présenté" par George A. Romero.
Ce film est tiré d'une nouvelle de Clive Barker. À entendre le nom du célèbre écrivain et cinéaste anglais d'horreur les cheveux risquent de se dresser sur notre tête. Mais ce ne sera pas vraiment le cas en regardant ce film dont le prologue est si long qu'on se demande ce qu'il va se passer dans le si peu de temps qui reste à regarder. Quelques scènes finales de nécrophilie (pas vraiment érotiques, on a vu mieux notamment dans *Dellamore Dellamorte*...) nous font oublier qu'on a failli regretter de regarder ce film...

La Belle est la bête de John Landis
J'adore. Ce film ne se prend pas au sérieux mais ne fait pas n'importe quoi : le scénario est bien léché, c'est très bien tourné, on ne s'ennuie pas une minute et la fille est une belle brune pas du tout

désagréable à regarder. Il y a plein d'allusions aux films d'horreur "misogynes", toutes très amusantes et parfois pas faciles à trouver. Un régal. Bien sûr, on n'a pas vraiment peur puisque le film ne se prend pas au sérieux mais on est très complice en tant qu'amateurs de ce genre. Très complice.

On reconnaît là la patte du réalisateur du film *Le Loup-garou de Londres* qui avait ouvert la voie à ce genre ironique, mais très sérieux dans l'art cinématographique. Car il y a beaucoup de films qui ne se prennent pas au sérieux, mais sans aucun respect pour le spectateur.

Liaison bestiale de Lucky Mac Kee
Encore une histoire de sale bestiole.
Un insecte plein de pattes, de pinces et de plaques chitineuses, féconde deux lesbiennes. On s'ennuie, ce n'est pas vraiment excitant comme histoire déjà, mais le traitement cinématographique très grand public déçoit les amateurs du genre.

La Survivante de Don Coscarelli
Ce film est un chef-d'œuvre.
Don Coscarelli est en quelque sorte le réalisateur d'arts et essais du cinéma fantastique. Il n'est pas vraiment connu du grand public mais adulé par le fandom de l'horreur avec ses films *Phantasm*.
Ici il nous construit un film génial par son scénario excellent et sa réalisation d'une main de maître.
Coscarelli utilise à merveille ce qui fait qu'un film d'horreur est un chef-d'oeuvre : avant tout les gros plans avec l'excitation de l'imagination de ce qui peut bien se passer hors champ, mais aussi la profondeur de champ... avec en arrière-plan un objet, un personnage plein de significations, mais pas toujours compréhensible du premier abord. Justement, le plan du saut du

tueur appelé « Face de Lune » devant la Lune est proprement fantastique.

Sur le fond de l'histoire c'est un "survival" qui n'a rien de classique avec pourtant tous les ingrédients de ce qui est devenu le classique du film d'horreur depuis *Massacre à la tronçonneuse* : il y a un tueur psychopathe et son antre atrocement macabre avec plein de momies desséchées de ses victimes, le tout dans une forêt perdue comme seule l'Amérique en a encore... Mais ce film va plus loin, il développe un mode d'emploi pour survivre dans ce genre de situation : ne jamais abandonner et frapper fort, plus fort que l'adversaire... Et, surtout, "tant qu'on ne sait pas ce que tu vas faire tu gardes l'avantage". Avec un principe comme celui-là, on ne peut que surprendre le spectateur ! Enfin, on se régale de la vengeance terrible de la victime. Le scénario est plein de rebondissements et on ne s'ennuie pas une minute.

Jenifer de Dario Argento

Moi qui suis un fan quasi inconditionnel de Dario, là j'ai peine à écrire que ce film m'a ennuyé, crispé... L'histoire est nulle ; d'ailleurs il n'y a pas d'histoire, juste un monstre qui baise et qui bouffe les gens. On peut toujours tenter de réfléchir sur la force de l'amour physique (que ne ferait-on pas pour une bonne baise et si la fille a un visage horrible, y a qu'à lui mettre un sac sur la tête...), l'horreur de l'innocence (ben au lieu d'arracher des pattes à une mouche, c'est plus dur de bouffer des gosses)... Bon, je vous le disais, l'histoire est un peu con...

La Danse des morts de Tobe Hooper

Tiré de la nouvelle de Richard Matheson : *Danse Macabre*.

Alors que Matheson avait centré sa courte nouvelle sur une virée d'adolescents dans un monde apocalyptique décadent et sur le spectacle qu'ils sont allés voir (la danse macabre), ici on développe un peu une histoire de famille très sordide. Le film est atroce comme doit l'être un très bon film d'horreur, mais de cette Atrocité qui vous apprend quelque chose.

Serial Autostoppeur de Larry Cohen
Les serial killer sont partout sur cette putain de route : l'autostoppeur, le camionneur et même les ambulanciers. On commence à s'ennuyer au premier quart du film avec toutes ces tueries... ces dialogues cyniques. La dernière image est-elle un hommage au film du réalisateur de *L'ambulance* ?

La Maison des sévices de Takashi Miike
Le prologue est déjà angoissant et les images sont délicieusement macabres. Une barque vogue dans un marais sombre et vaporeux. Elle arrive au fond de l'image lentement. Au premier plan le cadavre d'un bébé ou une poupée (choisissez selon votre humeur). La barque s'approche et on voit les hommes installés. Ils vont au bordel, un bordel spécial sur une île... Le pilote de la barque qui la conduit avec une perche heurte un cadavre de femme boursouflé. Elle est noyée et enceinte...
Le voyage a un but sexuel évident montré par les dialogues. Il va conduire à l'horreur, au véritable sadisme, non pas un sadisme grotesque mais subtil et particulièrement violent, mais d'une violence et d'une brutalité pleine de séduction...

Sherlock Holmes à la télé

Sherlock Holmes est un personnage célèbre d'Arthur Conan Doyle dans quatre romans et cinquante-six nouvelles. C'est le personnage de détective privé le plus célèbre de la littérature et désormais du cinéma et de la télévision.

L'adresse où il habite à Londres est aussi célèbre que lui : le 221B Baker Street.

Il consommait aussi de la cocaïne, mais il n'en est pas fait allusion souvent dans l'œuvre de Conan Doyle, d'autant plus que la cocaïne était presque considérée comme un médicament à cette époque.

Je ne vais pas faire une étude des œuvres de Conan Doyle (et de son fils) sur Sherlock Holmes, mais tout simplement vous parler de deux séries télévisées qui lui sont consacrées.

Elles sont toutes les deux très originales.

Elementary

de Robert Doherty (2012)

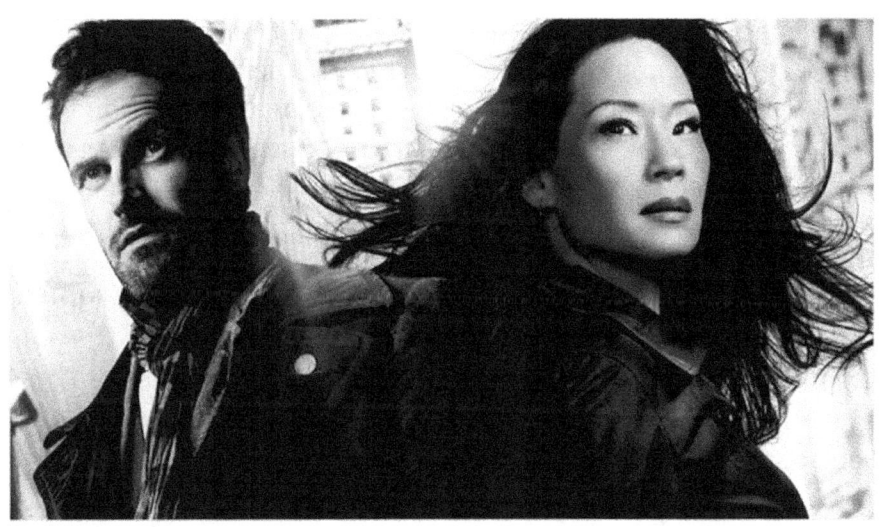

Série américaine de 4 saisons à ce jour (avril 2016)
Avec Jonny Lee Miller et Lucy Liu

Nous sommes en 2012.
Sherlock Holmes a quitté son Londres pour venir à New York se faire désintoxiquer et suivre une thérapie de groupe avec l'aide de Joan Watson payée par son père pour ce travail.
Ici, Holmes est un vrai junkie, et cette situation joue un rôle important dans l'intrigue et certains rebondissements.
Cette série respecte assez les différentes péripéties des méthodes de travail et des aventures de Sherlock, et de son aide Watson, qui est ici une femme, jouée par la délicieuse Lucy Liu.

Sherlock est ici vraiment caractériel. Et Watson, également chirurgienne comme le Watson de Conan Doyle, l'accompagne dans ses enquêtes.

Il y a également le frère de Sherlock, son père, et son ennemi intime Moriarty... décrit par le Sherlock de Conan Doyle comme le Napoléon du crime. Mais, ici aussi, le personnage de Moriarty comporte une double particularité, à la fois dans sa nature, mais aussi dans ses relations avec Holmes. Mais je ne vous en dirai pas plus, vous laissant le plaisir de le découvrir en regardant la série.

Cette série est superbe ! L'acteur jouant Holmes est génial. Les rapports humains entre Sherlock et Joan sont très bien décrits, c'est si bien fait que cette relation bizarre paraît tout à fait vraisemblable. Et les enquêtes sont particulièrement pointues. On ne s'ennuie pas une minute.

Dans cette série les rapports entre Holmes et les policiers sont excellents, sans exception. Même, si dans les premiers épisodes, le lieutenant Marcus ricane un peu...

Sherlock

de Mark Gatiss et Steven Moffat (2010)

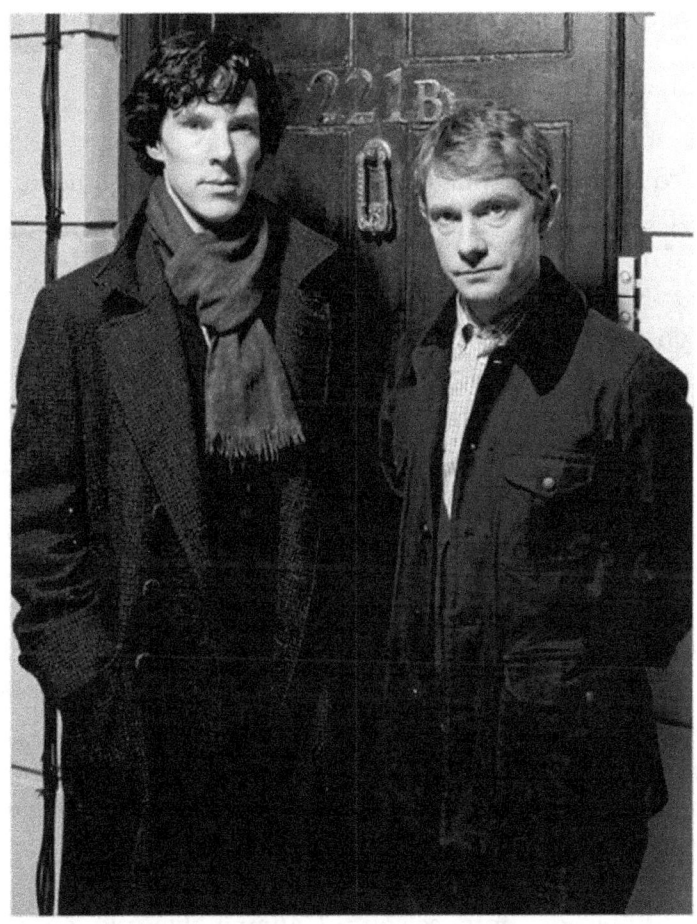

Série britannique de 3 saisons. Les épisodes de cette série n'ont pas le format habituel : ils durent près de 90 minutes. Trois épisodes par saison.
Avec   Benedict Cumberbatch, Martin Freeman, Amanda Abbington

Nous nous trouvons à Londres. Sherlock habite au 221B Baker Street.
C'est donc plus conforme à l'œuvre de Conan Doyle...
Sherlock, dans cette série, est une espèce de dandy soixante-huitard, tout autant rempli de caprices que celui d'*Elementary* mais d'une autre nature.
« Je suis un sociopathe de haut niveau ! » Déclare-t-il dans un épisode très mouvementé...
Le personnage de Watson est bien respecté par rapport à son original, puisqu'il a fait la guerre en Afghanistan au 21e siècle dans la série télé, alors que l'original, également militaire, fut affecté à Kandahar comme médecin militaire dans les années 1880.   C'est assez malin de la part des scénaristes.
Franchement, ici, le personnage de Watson est encore plus intéressant que celui de Sherlock. On sent que les scénaristes l'ont aimé !
Les épisodes autour du mariage de Watson sont superbes.
Il y a aussi la logeuse au 221B Baker Street. Un personnage aussi attachant que les autres.
Les enquêtes trépidantes sont tout aussi surprenantes.
Les rapports entre Holmes et les policiers sont déséquilibrés. Certains policiers haïssent Holmes et Watson...

Il y a un épisode hors saison : *L'Abominable mariée* qui sert d'introduction à la troisième saison.

Il commence par ces mots affichés : « Jusqu'à présent sur Sherlock » qui sont suivis d'une petite bande annonce des épisodes avant la saison 3. Puis le mot : « Alternative » avec un compteur à rebours qui s'arrête en 1884.

Watson rentre à Londres, blessé lors de la deuxième guerre anglo-afghane. Et on nous ressert la scène au cours de laquelle Sherlock fouette les cadavres pour savoir à partir de quand ils n'ont plus de bleus...

Watson écrit les histoires de Sherlock et les publie.

« Pour résoudre une affaire, il faut parfois en élucider une autre », déclare Sherlock alors que Watson se dispute avec son épouse.

Une femme habillée en mariée se suicide en public et exécute ensuite plusieurs personnes, alors que son corps se trouve à la morgue...

Il y a des scènes très amusantes. Quel humour !

Ambiance gothique et Moriarty, toujours présent. Pourtant il est mort dans le dernier épisode de la deuxième saison !

« Je suis votre faiblesse ! » Hurle-t-il à Sherlock.

Épisode très plaisant pour préparer la saison 3.

www.ingramcontent.com/pod-product-compliance
Lightning Source LLC
Chambersburg PA
CBHW070401190526
45169CB00003B/1053